JARDIN DE POÈMES
suivi de
HERBES FOLLES

j_{de}HfP

FAYA CHIDEKH

JARDIN DE POÈMES
HERBES FOLLES

FC.PROD
FC MUSIC PRODUCTIONS

Poésie/ FC Prod

Merci de tout mon cœur

aux Dieux et Dieuses[1] qui m'ont inspiré !

1   Mot de mon invention.

PRÉAMBULE

Si vous lisez ce recueil, vous avez déjà fait un grand pas vers moi. Ces mots sont pour vous. Je veux croire que cette rencontre sera pleine de joie, de surprises et d'émotions. Dans ces textes, couvrant une période d'environ quinze ans, je me dévoile entièrement comme je ne saurai jamais le faire dans une conversation. Mes espoirs, mes souffrances, mes rêves, mes amours déçues, et mes plus belles histoires sont écrits ici et vous sont destinés.

Ces poèmes sont mes enfants, mais aussi mes parents, mes amis, mes erreurs et mes errances. Ils sont le seul lien véritable entre moi et la vie. Lorsque je suis avec eux, je me sens à ma place, en sécurité et en paix.

Tous les jardins du monde sont mes jardins. Cet espace, à la fois sauvage et contrôlé, est pour moi un lieu de pure liberté et de singulière inspiration.

Je sème des mots et je récolte des poèmes. Le chrysanthème et l'adventice se côtoient en parfaite harmonie au sein de mon jardin idéal.

Le jardin de ma mère, avec sa grange à foin et ses clapiers, me rappelle à une enfance que je n'ai jamais eue. Sans racines, je me suis inventée toute seule, au fur et à mesure de ma vie. Je suis née sur une terre stérile et inhospitalière que j'ai transformée en jardin d'éden.

Ce travail, chaque jour accompli, est le chemin menant à l'esprit de perfection. Comme le jardin, rien n'est jamais terminé, fini, achevé et tout n'est que renouvellement perpétuel.

J'aime marcher, déambuler, errer dans les allées et contre-allées des jardins. Peut-être suis-je en route vers l'aube de ma vie, vers l'ébauche de mes origines ? Ou si je me retourne, au crépuscule de ma vie, je trace avec ces mots une cicatrice dans la terre comme une signature. Peu importe la destination, seul compte le voyage.

Donnez-moi la main, faisons une promenade, aujourd'hui, demain, quand vous voulez. Qui sait, peut-être un jour nous rencontrerons-nous ?

JARDIN DE POÈMES

PENSÉES ODIEUSES

Je regarde l'ombre de ma tête se balancer,
Là, sur les marches froides.
Qu'est-ce qui peut bien la faire aussi ronde ?
Aussi particulièrement rythmique, vagabonde.

C'est odieux comme la vie est brusque,
C'est aux dieux, qu'ils se pendent aux lustres
Et rient à gorges empaillées,
De nous voir nous évaporer, nous dissiper.

Mes rêves m'attirent vers la dune,
Chaude et repoussante.
Et puisque mon corps est réel et bitume,
Plat et droit,

Ma bouche se lève tel un pont
Et soutient dans ses bras,
Tout l'or de Toutankhamon.

Ce que je voudrais dire ne se dit pas.
Mais l'encre de mon bras avance et saigne,
Couleur indolore, mots inodores.
Va, vole, trotte, galope, saute, enjambe,
Suis le chemin fatalité, adresse indiquée.
Et ne t'arrête jamais avant de l'avoir trouvé.

SI LE SOLEIL

Si, le soleil ne se levait pas.
Si, ces visages-là n'étaient pas toi.
Si, ces yeux-là ne s'ouvraient pas.
Si, cette attente-là restait sans voix.

Alors là, j'aurais fait toutes ces choses
Pour toi.

Si, mon piano n'était que du bois.
Si, dans ma tête y'avait que des voix.
Si, ces mains-là n'étaient pas à moi.
Si, dans le vide résonnaient mes pas.

Alors là, j'aurais dit toutes ces choses
Pour toi.

Mais, qu'importe le chagrin !

Si, le soleil ne se levait pas.
Si, cette question-là n'était qu'un combat.
Si, la réponse n'était qu'un appât.
Si, dans le silence il était une fois.

Alors là, j'aurais fait toutes ces choses
Pour toi, seulement pour toi.

QUELQUES JOURS

Quelques jours ont suffi,
Quelques jours étranges.
Et tout s'en est allé, tout s'est effacé.
Je vois ce que voient les chats
Quand ils ne regardent pas.
Je sens ce que sent la rose
D'un amoureux maladroit.
Je respire ce que respire
Une marionnette de bois.
J'entends ce qu'entend un sorcier grivois.

Quelques jours ont suffi,
Peu importe lesquels.
Peu importe quand, puisque j'y étais.
Le silence en colère a déchiré les mots,

Ceux qui me tendaient la main
Ont brûlé mon dos,
Le sourire du doute a signé recto verso,
Je goûte alors la solitude in vitro.

Quelques jours ont suffi,
Quelques heures même.
Qui ont dit mon absence, mon effacement.
Je ne savais plus dire qui j'étais avant,
Peur de disparaître, tout simplement.
Mais les bras d'une amie, force m'étreignant,
En quelques secondes m'ont ramené au présent.

MON PIANO ET TOI

Il est minuit, je fume assise sur mon lit
Mon piano dort.
Il est minuit, le train chante dans la nuit
Mon piano dort.

Il est minuit et plus, je pense soudain à toi
Mon piano dort encore.
Il est minuit et plus, tu es déjà là
Mon piano dort encore.

Il est minuit davantage, une portière claque
Mon piano bouge.
Il est minuit davantage, ça y est je me détraque
Mon piano bouge.

Il est minuit limite, nous n'avons pas le temps
Mon piano se réveille.
Il est minuit limite, pourquoi tu te mens ?
Mon piano se réveille.

Il n'est plus minuit, il est simplement l'heure
Mon piano l'a rêvé.
Il n'est plus minuit, n'aie pas peur
Mon piano l'a rêvé.

À NOUS

Quoi qu'on dise, quoi qu'on fasse
On en revient toujours au même espace.
Celui qui s'enchaîne entre nous
Et qui n'a pas de prise sur les fous.

Quoi qu'on dise, quoi qu'on fasse
On suit toujours les mêmes traces.
Celles qu'on a gardées en nous
Et qui nous suivent jusqu'au bout.

On en revient toujours,
À nous, à nous, à nous et encore à nous.

Quoi qu'on dise, quoi qu'on fasse
On se retrouve un jour devant la glace.
Avec pour unique reflet
Des yeux toujours vivants mais désarmés.

Quoi que je dise, quoi que je fasse
Je ne peux rien du tout au temps qui passe.
Et je laisse mon cœur se consoler
En me disant très fort que j'aurais aimé.

SI TU DISAIS OUI

Si tu disais oui
Nous irions au pays des fées.
Si tu disais oui
Je serais libérée,
De toute cette obscurité
Qui me tenait enchaînée
Et si bien cachée.
De toutes ces peurs, ses frissons
Sans âges et sans illusions.

Si tu disais oui
Le temps s'arrêterait.
Si tu disais oui
Ma bouche se délierait.

Et tout ce qui me fait vibrer
Me fait respirer
Te serait donné.
Je pourrais courir vers toi,
Et faire entendre ma voix.

Si tu disais oui
Je t'aimerai.

Si tu disais oui
Les anneaux seraient scellés.
Si tu disais oui
Nos âmes emportées.
Là où le ciel est tombé
Bleu dans son immensité,
Nous trouves enlacés.
Là où le ciel est si grand
Et fais oublier le temps.

Si tu disais oui
Je t'aimerai.

POURQUOI PAS ?

Mes yeux, cernés de silence
De pauses interminables et redoutables,
Se posent sur un visage qui fait naufrage.
La dame plonge la main dans ses cheveux,
Et déclenche une avalanche.

Deux regards, deux par deux
Insolents, amoureux.
Un regard, si tu veux
T'envoler vers les cieux.
Deux regards, deux par deux
Un ciel noir, un ciel bleu
Un sourire, si tu veux
T'envoler vers les cieux.

Mes mains, tressées de voyages érotiques
De routes abyssales et royales,
Jettent l'ancre d'espérance aux mille sentences.
La dame se rebiffe et montre ses griffes,
Jette son gant et me montre du doigt.

Deux regards, deux par deux
Insolents, amoureux.
Un regard, si tu veux
T'envoler vers les cieux.
Deux regards, deux par deux
Une flamme, un grand feu
Une danse, si tu veux
T'envoler vers les cieux.

Mon cœur, en veine d'émotions
Usé de faux sourires et de las soupirs,
Se déchire comme un mirage après l'orage.
La dame me dit alors «pourquoi pas»?
Dans une vie, cela n'arrive qu'une fois.

Deux regards, deux par deux
Insolents, amoureux.
Un regard, si tu veux
T'envoler vers les cieux.
Deux regards, deux par deux
Un ciel noir, un ciel bleu
Un sourire, si tu veux
T'envoler vers les Dieux.

JE REGARDE LE SOLEIL

Quand je suis seule et que je ne comprends pas,
Quand mes démons se ruent, appellent au
    combat.
Quand je perds la raison que tout devient froid,
Quand la vie m'abandonne, me laisse là.
Quand les mots que je dis ne résonnent pas,
Quand je tombe à genoux que j'ouvre les bras.

Alors, je regarde le soleil,
Le soleil.

Quand j'essaie de trouver le bonheur en moi,
Quand plus rien n'a de sens et que tout s'en va.
Quand mon cœur me dit non, crie qu'il ne peut
    pas,

Quand l'amour m'abandonne, me laisse là.
Quand je sens que le temps ne s'arrête pas,
Quand je tombe à genoux que j'ouvre les bras.

Alors, je regarde le soleil,
Le soleil.

Quand les notes en mineur glissent sous mes
    doigts,
Quand je rêve en douceur d'être la diva.
Quand mon piano se meurt et ne répond pas,
Quand le ciel m'abandonne, me laisse là.
Quand je manque de courage pour affronter ça,
Quand je me lève enfin et que je te vois.

Alors, je regarde le soleil,
Le soleil.

JUSTE UN CHANT

Juste un chant,
Pour apaiser la peine de ceux qui partent,
Qui croient en vous et qui se battent,
Et qui ne sont que des enfants.

Juste un chant,
Pour retirer ce voile d'indifférence,
Sous la sublime différence,
Qui unirait tous ces amants.

Si quelques notes,
Pouvaient changer ça,
Pouvaient changer tout,
Vous ramener plus près de moi
De vous.

Juste un chant,
Pour allumer la flamme d'un cœur perdu,
Sans avenir et sans vécu,
Pour qui le vide est son présent.

Juste un chant,
Pour dire à ceux que j'aime un peu de moi,
Qu'ils le devinent dans ma voix,
Mes cris du cœur, mes tremblements.

Si quelques notes,
Pouvaient changer ça,
Pouvaient changer tout,
Vous ramener plus près de moi
De vous.

JAMAIS

Jamais je n'aurai imaginé
Qu'un jour je puisse autant t'aimer.
Jamais je n'aurai pensé,
Qu'un jour tu puisses autant me manquer.

Jamais je n'aurai cru
Après de longs jours sans t'avoir vu,
Que mon cœur battrait à tout rompre
Comme à notre première rencontre.

Jamais je n'aurai songé
Après toutes ces années,
Que mon corps à nouveau se dresse
Comme à la première de tes caresses.

Jamais je n'aurai pu prédire
Qu'un jour, à toi je veuille m'unir,
Pour le meilleur et pour le pire
Dans la joie et le plaisir.

Jamais je n'ai ressenti
Ce sentiment étrange et inouï
De ton visage toujours présent
Et le désir de me noyer dedans.

Jamais je n'aurai imaginé
Qu'un être si beau puisse m'aimer.
Jamais je n'aurai pensé
Qu'un jour, un seul, je puisse te manquer.

UNE AUTRE HISTOIRE

C'est une autre histoire qui va commencer,
Au bout du couloir tout s'est éclairé.
Et si la victoire m'est enfin donnée,
Le monde pourra voir qu'ils se sont trompés.

Arrête de faire l'enfant,
Tout ça c'est que du vent.

Je veux juste y croire pas vous embêter,
Rêver d'étendard et de liberté.
Même s'il faut avoir aux pieds des boulets,
Devant l'auditoire je me lèverais.

Écoute bien les grands,
La vie c'est différent.

Perdre la mémoire et puis s'en aller,
Effacer ce noir, tous ces vieux clichés.
N'être plus à part mais juste à côté,
Et reprendre espoir en l'humanité.

Tu ne tournes pas rond,
Tout ça c'est qu'une chanson.

C'est la même histoire qui va s'achever,
Et les vieux grimoires auront triomphé.
Vous pouvez m'avoir mais pas ma pensée,
Autant le savoir la graine est semée.

Répète bien ton nom,
Et lève le menton.

FEMME SECRÈTE

Tu regardes la nuit qui va,
Femme secrète qui ne sait pas.
Et je me demande pourquoi tes yeux,
S'accrochent à moi, je ne sais pas.

Je m'envole,
Sur ta musique, sur tes bémols.
Et je plane au-dessus des flammes,
Je cherche la femme.

Tu connais la vie secrète,
Des mots qui calment ou qui inquiètent.
Et je retrouve en toi la force de tes bras
Comme des écorces de je n'sais pas.

Je m'envole,
Sur ta musique, sur tes paroles.
Et je plane au-dessus des flammes,
Je cherche ton âme.

Tu donnes ta voix et tes larmes,
Femme qui joue avec son charme.
Et je reçois là dans mon cœur
L'amour le plein de ta douceur
Mais je n'sais pas.

Je m'envole,
Sur ta musique un peu folle.
Et je plane au-dessus des flammes,
J'ai trouvé la femme.

LÀ OÙ IL FAIT BEAU

À trop vouloir la vérité
On prend souvent le mauvais train
À trop vouloir y arriver
Le quai de la gare est déjà loin.

J'aurais voulu trouver la clé
Qui assurait le vrai bonheur
Et j'ai soudain réalisé
Qu'elle se trouvait là dans mon cœur,
Là dans mon cœur.

C'est pas facile de se réveiller
Recommencer tout à zéro
Tirer un trait sur le passé
Et aller où il fait beau.

Je ne veux plus vivre dans ma tête
Remplie de doutes et de venin
Mes démons ne sont que des traîtres
Me pardonner, tout ira bien.

C'est pas facile d'abandonner
Les peurs qui vous collent à la peau
Mais sans jamais me retourner
Je vais là où il fait beau.

C'est décidé, je me jette à l'eau
Juste chanter pour être bien
Au diable les rimes et les mots
D'un futur sans lendemain.

C'est pas facile d'abandonner
Les peurs qui vous collent à la peau
Mais sans jamais me retourner
Je vais là où il fait beau.

SI LA NUIT

Si la nuit me protège encore
Avec son cortège de solitudes.
Je pourrais peut-être, je subodore
Chanter plus fort,
Atteindre l'aurore,
Les yeux rivés au mirador.

Si la nuit tient toutes ses promesses
Et qu'elle m'emmène vers les étoiles.
Je pourrais dire avec maladresse
Mes forces, mes faiblesses
Je vous le confesse
Je ne suis pas une forteresse.

Vient le sommeil
Rappelle-toi
Comme était belle ! La lune, là-bas.
Et dans un long soupir
Tu t'envoleras
Loin de ce monde
Que tu ne veux pas.

Si la nuit impose son silence
C'est qu'elle connaît tous mes mystères.
Et que peut-être, avec de la chance
Pour une danse,
Rien qu'une danse,
Elle changera mon existence.

Vient le soleil
Réveille-toi
Regarde le ciel
Et libère-toi
De tous ces souvenirs
Que tu laisseras
Dans un monde où
La nuit n'existe pas.

PASSER LES HEURES

J'entends couler ma vie
Et je me sens si bien.
Je pense à toi aussi
Qui m'appelle de si loin !
Mes pensées vagabondent
Portées au vent d'été.
Rejoindre enfin ton monde
Avoir l'envie d'aimer.

Je regarde passer les heures
Et je rêve en couleur.
Je ne sais pas si tu m'entends
Sur les hauts de hurlevent.
Je regarde passer les heures
Et je rêve en couleur.
Dans mon jardin perdu
Je crie souvent «mais où es-tu ?»

Où es-tu toi que j'aime ?
Qui es-tu je t'attends !
Où es-tu toi que j'aime ?
Je t'appelle indéfiniment.

Je veux sentir ton corps
Qui vient et s'abandonne.
Chanter sur mes accords
Pour que nos vies se donnent.
Dans l'île sous le vent
Tu es là et tu m'attends.
Qui suis-je hors de ce temps ?
Trop rapide pour les amants.

Je regarde passer les heures
Maintenant je n'ai plus peur.
Du plus profond de mon sommeil
Tu me dessines des merveilles.
Je regarde passer les heures
C'est ça le vrai bonheur
Juste un simple rendez-vous
Quelques secondes qui changent tout.

MAMMA

Elle a dans les yeux tout l'amour de la terre,
Elle a dans ses mains la force de l'univers.
Elle a dans ses gestes la douceur d'une rose,
Et dans ses mots le mystère de toutes choses.

Mamma, ti amo tanto,
Mamma, non so parlare d'amore
Allora, ascolta la mia voce
Ti amo tanto.

Elle a dans son cœur les secrets les plus fous,
Elle rêve de jardins, de parfum andalou.
Elle n'a qu'un désir, le bonheur autour d'elle,
Juste un sourire, mademoiselle.

Mamma, ti amo tanto,
Mamma, non so parlare d'amore
Allora, ascolta la mia voce
Ti amo tanto

Tu m'as donné la vie,
Tu m'as donné la foi,
Ce que je suis aujourd'hui
C'est grâce à toi.

Mamma, ti amo tanto,
Mamma, non so parlare d'amore
Allora, ascolta la mia voce
Ti amo tanto.

UNE HISTOIRE SANS FIN

Hey ! Mon rêve d'ange
Ne trouves-tu vraiment ce cas étrange ?
Nos corps qui se réclament et se mélangent
Nos vies qui se séparent, brutal échange.

Dis, mon bel amour
Sais-tu quand sonnera l'heure du fameux jour ?
J'ai le cœur à l'envers, compte à rebours
Je ne sais pas si je tiendrais jusqu'à ton retour.

On se quitte, on se laisse
On s'enlace, se caresse.
J'ai peur du lendemain
C'est une histoire sans fin.

On se déchire, on se mord
Tu me désires, je t'adore.
Je ne te lâche pas la main
C'est une histoire sans fin.

Toi, ma bien-aimée
Te souviens-tu de ces divins baisers ?
Pour seulement l'un d'entre eux
Je me serais damné
Nos lèvres ont caressé l'éternité.

Avec toi, un enfant
Des anneaux pour cent ans.
Tu sais, je n'oublie rien
C'est une histoire sans fin.

Toi, qui vis juste à deux pas
Tu t'endors tous les soirs dans d'autres bras.
Moi, j'écris ta promesse sur écran plat
Je n'ai qu'à inventer cet amour en tréma.

On se parle, on se comprend
Le silence, tu m'entends ?
Dis-moi que tu reviens,
C'est une histoire sans fin.

Je t'ai voulu si fort,
Je sais maintenant que tu existes.
Malgré tous mes efforts,
C'est loin de toi que je résiste.
Combien de temps encore,
Combien de nuits, combien de jours ?
Tu sais, je perds le nord,
C'est une histoire d'amour !

On se parle, on se comprend,
Le silence, je t'attends.
Dis-moi que tu reviens,
C'est une histoire sans fin.
Dis-moi que tu reviens,
Je ne veux pas écrire la fin !

JOUR DE PLEURS

Aujourd'hui, jour de pleurs.
Larmes de vent ou gouttes de sang ?
Rouge arc-en-ciel ou baisers de miel ?
Mon corps ruisselle, mon corps s'emmêle,
Je fonds d'amour, je feins de vivre.

Comme le fleuve, je me jette à la source
Et retourne au silence originel.
Comme le monde, je tourne à l'envers
Et scrute l'univers.
Comme l'amour, je ne suis qu'utopie
Et m'enivre de charnel.

Je cours, je m'essouffle,
Mais mon cœur immobile
Sait que c'est inutile !

Je me bats, je m'élance,
Mais mon corps meurtri
Sait que c'est fini !
J'imagine, je délire,
Mais mon âme sauvage
Sait que c'est le dernier voyage !

Aujourd'hui, c'est l'heure !
Des jours de pluie, des jours de pleurs.

MON SILENCE

Mon silence est rempli de toi.
Mon cœur qui bat, qui s'arrête
Qui s'effrite, te crie que
Mon silence est un vrai combat !

Mon silence ! Je me mords les doigts
En lisant tes mots ou sur une photo.
Mais que pourrais-je te dire, sinon que
Mon silence n'est pas ce que tu crois !

Mon silence ! mon bouclier, mon fier beffroi.
Entends-tu sonner ma peine, mon désarroi ?
Entends-tu qu'au-delà des apparences
Mon silence est rempli de toi.

Mon silence ! Je sais que tu ne comprends pas.
Alors, souviens-toi de mes mains, de mes
    sourires
Qui te chavire, du son de ma voix.
Écoute-moi ! Et tu sauras alors que …

Mon silence est la plus belle Aria !

LIGNE ROSE

Quand tu planes,
J'atterris ! je suis en chute libre.
Quand tu décolles,
Je suis écrasée de doutes
De peurs redoutables.
Sur quel quai
Pourrais-je te retrouver ?
Sur quel vol
Trouverais-je ton nom ?

Quand tu t'évades,
Je suis prisonnière, seule
Sans toi, et sans tes mains.
Quand tu fuis ce monde,
Je retourne dans le mien
Et nos âmes se perdent.

Où pourrais-je te rejoindre
Dans ce désert de mirages ?
Où trouverais-je cette flamme
Dans tes yeux éteints ?
Quand tu touches le paradis,
Je tombe en enfer et les grilles
Se referment à jamais.

Quand tu te sens liquide,
Je deviens de marbre et je pleure
Des larmes de sel.
Comment te dire les beautés
De ce monde ?
Comment te dire la chaleur
Et la douceur d'une peau ?

Quand les volutes de fumée d'artifice
Surpassent mes étreintes extatiques,
Je me consume et brûle de l'intérieur.
Quand tu te mens et cours après des fantômes,
Mon cœur se glace et se brise
Par tes mots vaporeux et mineurs.
Quand comprendras-tu que tu te perds
En croyant te trouver ?
Quand comprendras-tu que tu me perds
Un peu plus à chaque bouffée.

LA DERNIÈRE FOIS

Enfin, j'ai compris
Du temps, il m'aura fallu
Par des fautes et défis
Mon cœur s'est fendu.

J'effleure ma mémoire,
La même phrase qui revient
Comme une gifle en pleine poire
Dès le début, je connaissais la fin.

C'est la dernière fois que je dis je t'aime
À l'infinitif et sur tous les thèmes.
Et encore une fois que tu me comprennes
C'est définitif, pas de mais qui tienne !

Je suis fatiguée d'être un ange,
Une image qui s'enflamme.
Cette fatalité me dérange,
Je ne suis qu'une femme !

Des caresses en capitales
Tu fais fondre sur ma peau
Sur mon corps de femme fatale
Tu signes ton dernier mot !

C'est la dernière fois que je dis je t'aime
Plus de baisers fous, de promesses vaines
De ces amours-là, ce n'est plus la peine
C'est définitif, je ne joue plus cette scène.

Que de foutaises, de fantaisies
J'aurais plus de chance au loto.
Tu dévastes mon cœur, tu t'enfuis
Et tu me quittes avec un texto.

Je ne savais pas que sonnait déjà
L'heure de mes funérailles.
Peut-être que ? c'est bien ça
J'avais cru à des fiançailles.

C'est la dernière fois que je dis je t'aime
C'est ma symphonie, c'est mon requiem.
Et pour que bleues, rouges soient mes veines
C'est définitif, il faut que tu reviennes.

MY VERY V

Voici venu le jour où les chiffres vacillent.
J'évalue la chance que j'ai de t'avoir vu.
Je savoure le présent, cette seconde qui brille.
Je t'avoue tous mes vœux impromptus,
De vrais sonnets, des trilles !

Envers et contre toi, je ne veux que tes bras.
L'inévitable vérité est un voile de nuage
Enivrée de velours, de vin blanc sous les draps
Je fais naufrage.

En ce jour me reviennent des instants vécus,
Et je voudrais vraiment que tu te souviennes,
Du premier moment, de cette entrevue.
J'étais prête à vivre, à briser mes chaînes,
Toi, tu le voulais, mais n'y croyais plus.

À vrai dire, le voyage que l'on fait ensemble
Est une avenue bordée de bonheur.
Dans tes bras, je savoure ce présent qui
    ressemble
À un souvenir qui s'invite dans nos cœurs.
Dans les miens, tu deviens plus vivante,
Tu trembles,
Tu t'ouvres à la vie et tu n'as plus peur.

Voilà, j'ai envie de croire à notre avenir,
Je rêve d'aventures, de soirées près du feu.
J'envisage une île aux rivages de désir,
Un havre de paix, l'amour au milieu.
Et si mes lèvres évitent les mots qu'il faut dire,
Regarde mon visage, tu les liras dans mes yeux.

FRÉQUENCES CARESSES

Pourquoi ne caresses-tu pas mon visage ?
La musique coule dans mes veines,
Ma main effleure la corde de tes émotions.
Cette vague, ce souffle chaud dans mon ventre,
J'ondule, je nage dans les ondes pures.
Sublime vibration !
Divine pulsation !

Pourquoi ne viens-tu pas ?
Que regardes-tu ?
Je danse devant toi,
Mon corps t'appelle,
ma peau brûle,
mes lèvres gonflent,
Ma nuque trésaille,
Mon dos ruisselle,
Mes hanches s'ouvrent !

Pourquoi restes-tu loin de moi ?
Pourquoi je ne sens pas ton désir ?
Me désires-tu d'ailleurs ?
Je m'allonge près de toi,
Je te regarde et ne vois rien.

Où es-tu ? Pourquoi ne dis-tu rien ?
Une peur sourde m'envahit,
Je panique, je te cherche,
Je te questionne,
Encore et toujours !
Je me sens ridicule,
D'avoir cru éveiller tes sens.

Pourquoi ne comprends-tu pas ?
Pourquoi me laisse-tu comme ça ?
Je crie au milieu de ton silence,
Je voudrais atteindre la cime de ta solitude,
Mais rien n'y fait !
Alors, je repars dans les ondes voluptueuses,
Et continue de me poser cette question :

Pourquoi ne caresses-tu pas mon visage ?

MUSIQUE ÉMUE

Une musique,
Mue par des mains vertueuses,
Se refuse à mon âme
Et s'amuse à demeure
De soumettre Madame.

Même à moitié, à demi
Elle s'insinue, m'use et me tue.
Je m'allonge, nue, et ondule
Sur les commissures de vos lèvres,
Maintenue par vos mains qui remuent.

Muse, vous êtes divines !
Vous rêvez de me voir vibrer.
Vos gestes me ravissent,
Et vos murmures sont un délice
Quand ils fusent à mon cœur sonnez.

Cette symphonie est un sacrifice
Ma plume s'agite et mon cœur remue.
Je suis muette d'envie, je vibre à corps perdu
Dans ce fleuve d'ivoire aux trilles inconnus,
Je rêve du breuvage à jamais défendu.

Je vous utilise, je vous soumets
Je suis sous l'emprise, je le reconnais.
Vous êtes ma devise, mon unique aimée
Et si par méprise je vous aimais,
Je serai ravie de vous consommer.

LA VEILLEUSE

Chaque soir, derrière ces volutes de métal,
Je caresse les lignes bleues de l'océan,
Qui m'apaisent et tanguent sous mes doigts.
Je dessine les bateaux, efface les lunes
Et derrière l'horizon, c'est là que je vous vois.

Travestie de nuit, habillée de silence,
J'arpente vos rêves bleus, vos souvenirs
    d'ébènes,
Vos sérénades insensées et vos petites migraines.
J'apaise votre souffle, caresse votre joue
Et dans un monde lumineux je vous emmène.

Dans ces corridors étoilés, je danse toute la nuit.
Sous vos toits, je déambule, guette le moindre
    bruit,
Le vilain cauchemar, l'angoisse ou le bas venin.
J'invente le parfait amour, je vole à votre secours
Et jusqu'à l'aube, je vous tiens la main.

Chaque nuit, au creux d'une épaule,
Je révèle mon nom et mon infortune,
Mes yeux à jamais condamnés et ma solitude
    outrée.
Je suis lasse de porter cette lacune
Je voudrais juste trouver le repos,
    m'abandonner !

Chaque soir, du haut de ma montagne,
J'imagine que je dors, paisiblement, longtemps.
Ma couche est un berceau de mille parfums
Et dans la chaleur de vos bras aimants
Je m'assoupis enfin.

CYCLOPE

Je suis la fille de Gaïa et d'Ouranos,
Mon volcan s'est éteint sous la neige
De Sicile, un soir de février.

Mon cœur de lave gît,
Éternel et reposé
Au milieu du silence
De corail pétrifié.

Mon arme est l'amour.
Je suis une exilée
Quand reverrai je les miens ?
Ma vraie famille ma Galilée.

Je suis une et entière,
Comme cet œil unique
Monstrueusement disposé
En une signature messianique.

Mon arme est la création.
Femme du crépuscule,
Ange déchu ou maudit ?
Cet anathème est majuscule.

Je suis la fille de Gaïa et d'Ouranos,
Ma flamme s'est consumée au cœur
Du Tartare, un soir de février.

MYTHE

Sur les routes d'écharpes
Entrelacées de tes baisers,
Je me vrille la mémoire
Presque à en crever.

Ton regard épingle mon cœur,
Et fendue jusqu'entre mes seins,
Je rejoue, égoïste
La scène entre mes mains.

Dans les corridors noirs
De la vallée des larmes,
Je sais qu'à jamais je t'ai perdu
Sous le voile de Pyrame.

Le paysage découpé de vent
Ondule et s'insinue,
Sous mon manteau lourd
De tendresse perdue.

Ta main dans mes cheveux
De caresses éparpillées,
Se souvient avec force du serment
Que tu allais briser.

La scène de nos adieux
Est silencieuse et tragique,
Et dans les coulisses de mon esprit
Nos retrouvailles sont idylliques.

PLUIE DIVINE

Pluie divine,
Qui réveille ma peau
Devine ma peur
Et me lave
De tout soupçon d'envie.

Déluge d'éclairs,
Qui embrasent mes yeux
Allume mes désirs
Et me chasse
De tes flèches blanches.

Zéphyr suave,
Qui frôle mes seins
Souffle des parfums
Et m'offre
De folles caresses sans fin.

Onde salvatrice et sensuelle,
Qui m'envahit de larmes
Soulage mon corps
Et me sauve
D'un souvenir encore.

IPSO FACTO

L'amour, vous ne désirez pas.
Alors, d'exclusion vous me frappez.

La beauté, vous ne respectez pas.
Alors, ma lumière vous dédaignez.

La vérité, vous ne souhaitez pas.
Alors, la mienne vous me reprochez d'énoncer.

La liberté, vous ne voulez pas.
Alors, de rebelle vous m'accusez.

La paix, vous n'y aspirez pas.
Alors, de guerrière vous m'inculpez.

L'égalité, vous ne défendez pas.
Alors, de divergente vous me nommez.

La fin, vous n'y croyez pas.
Alors, de trop vivante vous me tuez.

EX TERRA

Hommes ! Je vous fais mes adieux.
Je rentre enfin chez moi.
Ma quête est presque achevée
Et mon temps ici est écoulé.
Comme la vague folle,
Je tire les rideaux lourds d'opium
Et reprends mon vol.
Un cœur est gravé sur mon poignet
Noble tâche qui m'a été assignée.
Mais personne ici ne l'a remarqué,
Trop occupé à regarder mes autres attraits.
Des printemps de sourire,
Ont asséché mes lèvres.
Des hivers de silence
M'ont laissé sur la grève.

Qu'il est doux de songer
Au départ imminent !
Qu'il est doux de songer
À ton cœur qui m'attend !

Là bas, j'ai ma place
Mon trône, mon royaume.
Trilles et sonnets
Sont mon petit déjeuner.
L'amour est l'art primordial
Et mes oeuvres sont des hymnes
À ta passion fatale.
La nuit et le jour sont unis à jamais
Et l'instant présent est l'unique secret.
En ces lieux, aucun serment ni promesse oubliée
Juste une évidence à nos corps enchainés.
Je n'ai qu'un seul souhait,
Dans tes bras me blottir.
Je n'ai qu'un seul vœu,
Chez Nous revenir.

Qu'il est doux de songer
Au départ imminent !
Qu'il est doux de songer
À ton cœur qui m'attend !

HERBES FOLLES

ÉDEN

Détrompez-vous, Madame
Je ne vous dévoile pas mon âme.
Je prends la vôtre que vous gardez jalousement
Et vous assigne en redressement de sentiment.
Vous êtes accusée d'avoir donné trop d'amour
Et de n'en avoir jamais reçu.
Pour cela, vous êtes condamnée
à être aimée pendant
Une éternité.

Ton souffle chaud sur ma peau,
Mon cœur dérape et s'emballe.
Un frisson de désir glisse sur mon dos,
Je gémis et lâche un petit râle.
C'était si réel,
Pourquoi n'ai je pas osé ?

Prends-moi ! Entre tes lèvres
Se glisse un bout de peau
Longue et satinée.
Ta langue fourche,
S'effarouche et s'égare.
Bouche à bouche
Je m'essouffle, tu m'inspires.
Corps à corps
Je savoure, rien à dire.

C'est une musique amour,
À tour, à vous maudire
À vous chérir,
À tout détruire,
Sauf vous.

Dans mes bras, un lac d'amour et de tendresse.
Sur mes lèvres, des rives humides et fertiles.
Si peu de voyageurs se sont aventurés !
Désaltère-toi et reste là.
Ici, la nourriture est généreuse
Ici, le soleil empire et les pluies torrentielles
Ici, pas de moitié, tout est achevé !

J'ai commencé à jouer au loto,
Le jour où j'ai cessé de croire en l'amour.
Ça marche dans les deux sens.

Les mots les plus doux
viennent souvent
de parfaits inconnus.

Si l'amour existait,
J'aimerais perdre la mémoire
Pour te rencontrer de nouveau.

Juste au bord je tressaille !
L'anacrouse de mon cœur
fiançailles.

Après une première rencontre amoureuse,
S. me reproche d'être trop trop vivante !
J'ignorais alors que j'avais dîné avec
un ectoplasme !

Il est des personnes qui vous aiment
que lorsque vous chutez.
Ils tirent alors leurs forces de vos faiblesses
et se nourrissent de vos maladresses.

Qu'il est difficile de vivre
Avec en permanence
Le cœur au bord des lèvres !

L'amour est un mirage.
Seul le don d'aimer
Est authentique et redoutable.

Quand l'extrême vous habite,
le moindre moment d'abandon, de calme
vous paraît un supplice de bonheur.

Pour entendre la beauté des mots,
Il faut écouter
la musique du cœur.

Ma dernière maison
est une prison bordée de fleurs
et de matons.

Vieillir n'est pas dans mes projets.
La nostalgie, le regret sont
des épreuves de fond,
j'ai une âme de sprinteuse.

La vérité me tuera
pas la vôtre, non !
Celle qui dévore ma bouche
chaque fois que je vous vois.

LABYRINTHE

Dehors, le vent, la pluie se déchaînent.
Je sais que je ne reverrais jamais ce moment.
Je ne sais pas pourquoi, mais c'est ainsi.
Je reste là, figée par la beauté de cet instant,
Et je ne sais pas pourquoi
Dehors, le vent, la pluie se déchaînent.

Le moment où le voile se déchire,
Où toutes vos illusions s'envolent
Est comparable à un passage fulgurant
Dans un tunnel spatio-temporel.
Vous êtes à la frontière entre le passé et le futur,
Dans un présent qui défile à toute vitesse,
Avec la sensation désagréable de rester sur place
Tout en changeant chaque seconde.

Dans la baie ce soir,
Une bataille fait rage.
Versant ouest, des éclairs furieux
Déchirent la mer.
Versant est, riposte dérisoire des fusées
Multicolores trouant le ciel.
La lune, avec son glaive d'argent
Lève ses sourcils nuageux.

Oh, rêves, illusions,
Je vous ai fait confiance,
Je vous ai désiré ardemment,
Je vous ai protégé vaillamment,
Et me voilà trahie par l'une des vôtres !

Je m'exprime... C'est trop fort !
Je me tais... C'est trop assourdissant !
Je discute... C'est trop compliqué !
J'essaie d'exister... C'est trop vivant !

Femme de feu et de passion
Quelle autre solution aurais-je
que de brûler de l'intérieur ?
Mais mes silences dérangent tout autant,
Soupçon d'une éruption soudaine.

Je suis un mélange d'omelette norvégienne
et de volcan islandais.

Sans la musique, je disparais !

Comblée par les Dieux !
La musique des sphères, elle sublimait.
L'ombre et la lumière, elle modelait.
Le vide des cœurs, aussi, elle soignait.
Mais toujours et encore
La même question revenait :
Pourquoi ce chemin est-il si peu fréquenté ?

Je m'interroge sur l'expression :«*tout pour être heureuse*». Quel est ce tout, cet ensemble non défini qui ressemble à un nombre irrationnel ? Est-ce que le bonheur serait le résultat d'une formule mathématique ? Équation insensée, paradoxale, Saint Graal ou mantra magique ? Est-ce la somme de toutes les vertus de l'espèce humaine ou la différence divine et céleste qui fait de nous une exception? En fin de compte, je préférerais dire tout pour ÊTRE.

Une intelligence hors norme va de pair avec une certaine naïveté. Non pas par manque de lucidité, Mais par une prodigieuse capacité à imaginer tous les possibles !

Les promesses sont l'apanage des égoïstes et des déserteurs.

Comment peut-on dire quelque chose
que l'on ne pense pas ?
Cela reviendrait à dire que...
Non, trop de réponses possibles !
En tout cas, aucune n'a de sens pour moi.
Pour mon cerveau de mutante,
cette équation est impossible.

Ce « trop » qui dérange si souvent,
une folle passion ?
Les grands artistes ont la réputation
d'être extrêmes je crois,
donc je devrais être flattée.

Les talents et les dons
n'ont pas la même définition
Selon votre notoriété.

Si demain je devais tout recommencer,
je changerais tout,
sauf qui je suis.

La liberté est un piège,
l'égalité est une imposture,
et la fraternité de la science-fiction.
C'est le mauvais slogan
d'une publicité mensongère.

À l'aube d'un soir nouveau
mon reflet s'en alla.
Le temps me filait sous les mains
et le passé s'est figé en un sac d'amertume.

Je ne sais pas où je vais,
je ne sais pas ce qui m'attend,
je ne sais pas si la vie est vraie.
Je suis juste sûre de ce que je fais ici et
maintenant.

CONTRE ALLÉE

L'essence de ce siècle est L'Apologie de la
médiocrité.

Pour reconnaître un être exceptionnel
Il faut avoir été frôlé par le génie.
Pour tenter de vouloir en faire un être ordinaire,
Il faut faire preuve de la plus grande stupidité.

Être vertueuse relève de la gageure.
Essayez de dire la vérité, et vous verrez !
À trop vouloir être honnête,
Je me suis fait une réputation de menteuse.

Un jour que je parlais de ma musique avec C.,
elle me dit : « pourquoi tu ne composes pas
de la musique commerciale ? »
Depuis j'ai compris pourquoi elle était
bibliothécaire.

Tant de personnes me trouvent absurde.
S'ils savaient combien
J'y travaille chaque jour !

Qu'il est déprimant
D'avoir toujours raison !

Être courageux consiste
À accepter sa peur,
Et à l'embrasser de toutes ses forces.

L'ascension présuppose la chute
La chute présuppose l'anticipation.
Toute cette logique est absurde !
Et sublime dans le même temps.

Il semblerait que pour la plupart des gens,
se poser des questions, c'est à dire faire
preuve de curiosité,
soit une défectuosité de l'esprit.
Einstein était très atteint !

Un jour, une personne m'a dit que
je n'avais pas les bons outils
pour affronter la vie.
Effectivement, elle avait raison !
Car je ne manie pas l'hypocrisie, le mensonge,
l'égoïsme et suis totalement incorruptible.
Elle les possédait tous évidemment !

Le silence est la force des faibles.

J'ai bien plus appris par mon corps,
que par mon esprit !

J'ai entendu que tout aujourd'hui,
ou presque est interactif.
À quand le papier toilette numérique ?

99 % des gens font semblant,
les 1% restant sont des artistes
de la mystification !

Quand on désire plus vos fesses
que votre visage,
ne reste plus que deux solutions.
Arrêter de s'assoir ou arrêter de parler !

Mes idées les plus lumineuses
surgissent souvent sous
la douche ou aux toilettes.
Autrement dit, quand le corps exulte.

La plupart des gens pratiquent le respect
comme une forme à peine larvée d'indifférence
fortement teintée d'égoïsme et que
je qualifierai pour ma part
de je-m'en-foutisme.

J'aime me perdre, partout, nulle part !

L'humanité en quête de vérité
veut avant tout être mystifiée !

La musique se construit en silence !

Sans ce sentiment d'amour inconditionnel
qui brûle en moi et me parasite,
ma vie serait parfaite !

Pour être en paix :
Ne rien demander
Ne rien vouloir
Ne rien espérer
Ne rien penser
Ne rien sentir
Ne rien se souvenir
Et surtout...
Ne rien écrire !

JARDIN DE POÈMES

HERBES FOLLES

DU MÊME AUTEUR

LE CORPS MUSICAL ET LA MÉTHODE
P.R.M
(Pulsation-Rythme-Mélodie)-2015
Édité chez lulu.com

Printed in Great Britain
by Amazon